Sorry You Feel W

SORRY YOU FEEL WAFFLE

HOPE YOU ARE
GETTING GREAT
Medical Tweetment

Tea Time

```
F K S O B I O O R G Y P K
Q A F W W H I T E E V E C
J W H B B N P N X L B P H
X A N C E M G L W I R P V
Q W S E T L D E M M A E D
S R R M I A L M Y O S R A
U G L S I I M O E M P M N
C L H C A N M N R A B I D
S W J H Q W E G G H E N E
I F C R M K N R L C R T L
B R N X M R V A R G R K I
I O O L O N G S A N Y R O
H M M D R H F S E F M Y N
```

chai	green	oolong
chamomile	hibiscus	peppermint
dandelion	jasmine	raspberry
earl grey	lemongrass	rooibos
english	matcha	white

HERD YOU WERE
udder the *weather*

HOPE YOU
PEEL
BETTER SOON !

This book belongs to:

_____

Why did the cow cross the road?

To get to the udder side.

What do you call an unhappy pea?

Grum-pea.

What comes down but never goes up?

Rain.

What has a neck but no head?

A bottle.

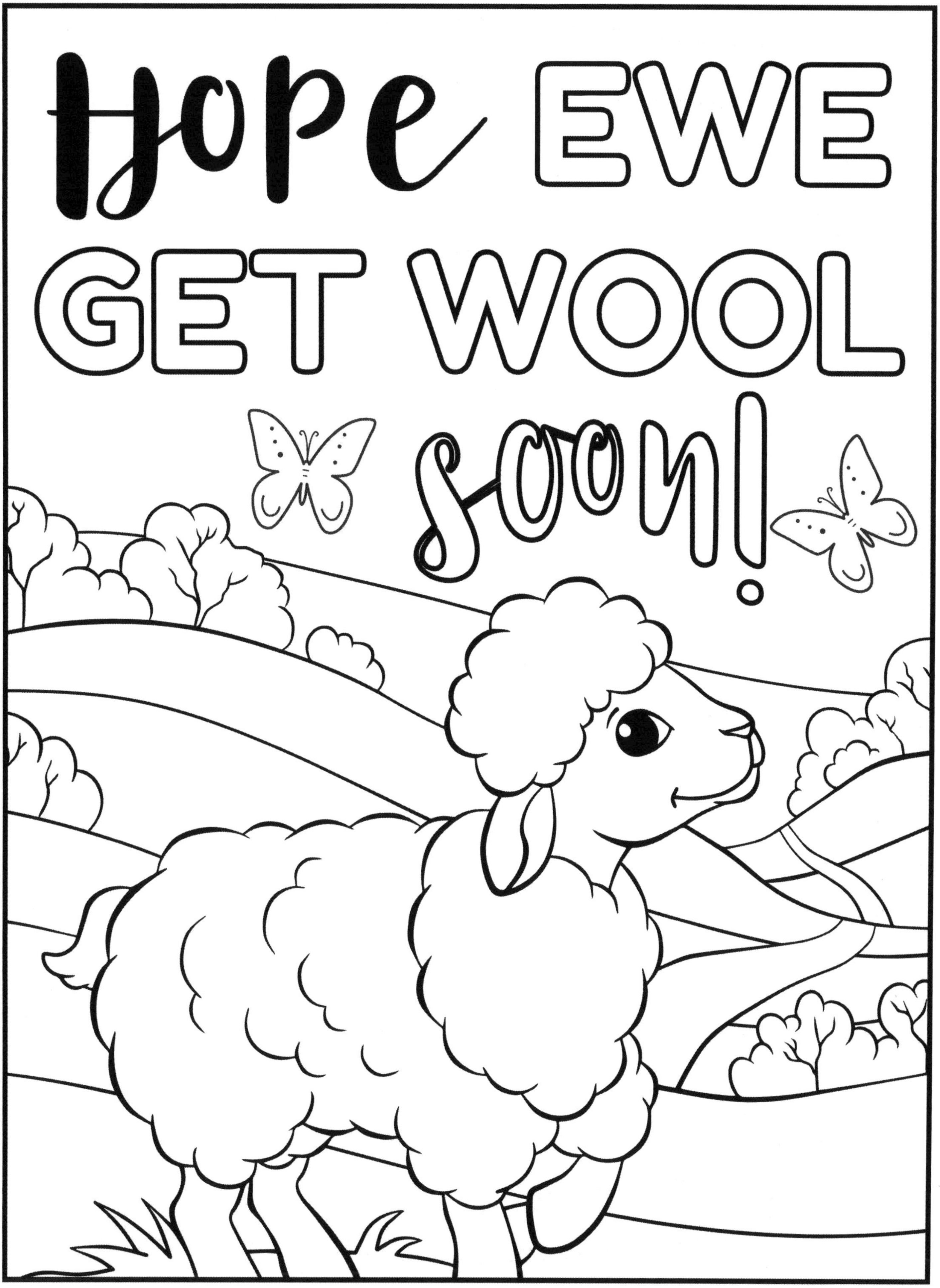
Hope EWE
GET WOOL
soon!

Where do fish keep their money?

In the river bank.

What kind of dog do vampires have?

Bloodhounds.

What are the hardest kind of beans to grow?

Jelly beans.

What is a mouse's favorite game?

Hide and squeak.

Why did the cabbage win the race?

Because it was a head.

SORRY YOU FEEL WAFFLE

Why do bees have sticky hair?

Because they use honey combs.

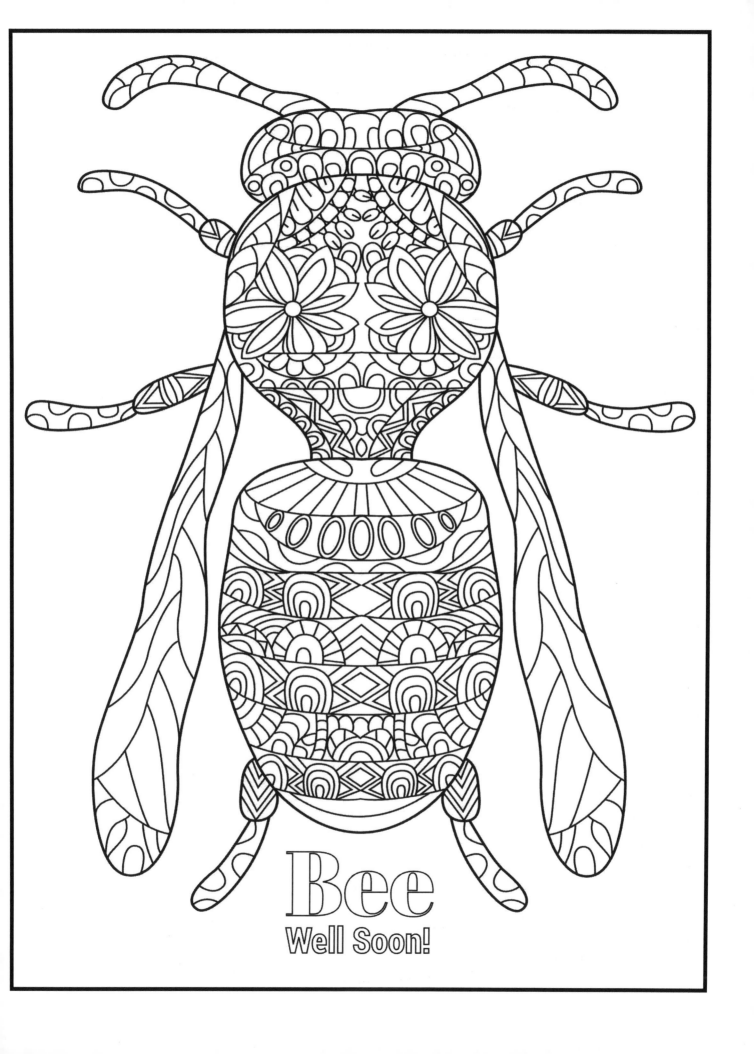

Bee
Well Soon!

What is a cat's favorite color?

Purrr-ple.

Why did the tiger always lose at cards?

Because he was playing with a bunch of cheetahs.

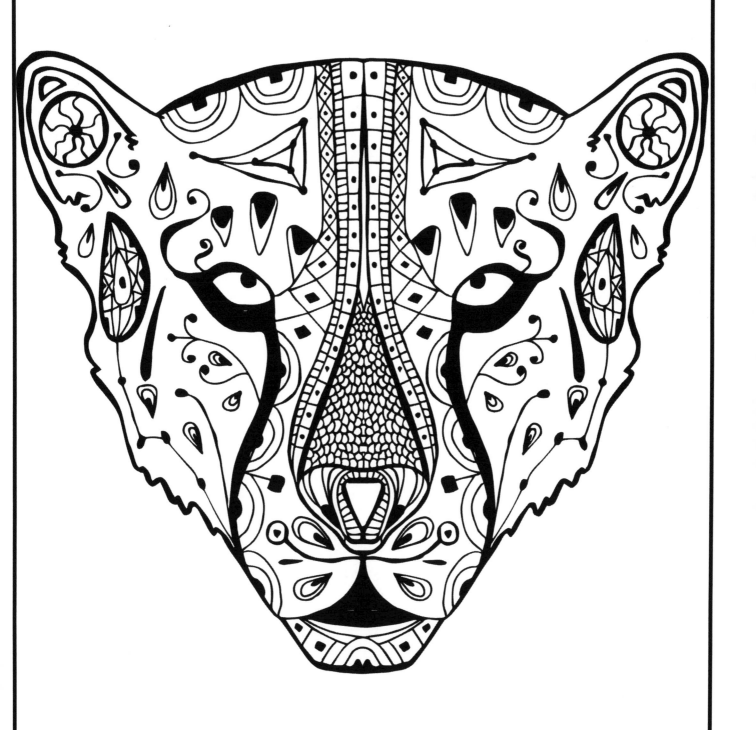

HOPE YOU HAVE A **SPEEDY** RECOVERY!

What did the banana say to the monkey?

Nothing, bananas can't talk.

Why did the banana go to the doctor?

It wasn't peeling well.

How do trees get online?

They log in.

I CAN'T
BEAR
to see you sick

Why did the whale cross the road?

To get to the other tide.

What does a duck like with her soup?

Quackers.

HOPE YOU ARE
GETTING GREAT
Medical Tweetment

What is an owl's favorite subject?

Owl-gebra.

How many months of the year have 28 days?

All of them.

Because it's hard to run in squares.

Why do dogs run in circles?

FIND ONE OF A KIND

FIND
ONE
OF A KIND

Birds

```
T Q R T L M L N M F L R F N L N N
R D W A G M E X N F A K X G I C N
Z M D L V K P Q C V N M Y U U V B
E V O D C E M T E R O N G R H L H
W V W I C N N G W O N C D Z N L
Z T H J T A R Q L C E W H X N H W
Z C T K S C P K L P T C C H R U B
H K C A M I R A N L R P I Y O M X
H U E B K L F L I A U Q R E D M G
D H N G C E V C N G F R T K N I K
P X W W H P M E N C C C S R O N P
V N O R E H Z T M O K X O U C G E
K V U L T U R E G M E R T T D B A
L W N M M S N Z B C P G O K K I C
N F A K B W J E A G L E I T Q R O
D G T H H A A Z V X F X Q P S D C
K W Y B J N Y J V L G O O S E V K
```

Chicken	Hawk	Pigeon
Condor	Heron	Quail
Crane	Hummingbird	Raven
Crow	Jay	Raven
Dove	Ostrich	Stork
Duck	Owl	Swan
Eagle	Peacock	Turkey
Falcon	Pelican	Vulture
Goose	Penguin	
Gull	Pheasant	

Trees

```
L  N  T  O  C  I  R  P  A  D  H  P  C  V  F  R
V  L  D  Z  M  M  C  C  X  P  A  C  N  D  P  T
J  N  W  W  B  U  A  K  M  L  P  E  R  P  M  U
R  K  N  R  P  H  L  P  M  M  P  L  C  I  F  N
N  F  N  Q  N  C  I  P  L  S  W  R  E  S  B  T
D  D  F  I  G  C  R  C  A  E  I  J  V  U  M  S
O  O  A  K  R  M  G  G  K  F  T  N  E  T  A  E
O  G  T  W  A  L  N  U  T  O  L  C  R  P  H  H
W  N  F  K  Z  I  W  W  N  K  R  C  G  Y  O  C
N  G  N  W  K  L  D  H  H  Y  L  Y  R  L  G  C
O  G  N  A  O  O  G  C  E  M  Q  C  E  A  A  V
T  G  U  W  G  L  A  T  L  R  H  T  E  C  N  H
T  Q  L  W  K  E  L  F  M  E  R  T  N  U  Y  G
O  M  O  M  P  N  J  I  R  H  H  S  A  E  P  K
C  O  V  G  D  I  Z  R  W  R  H  C  E  E  B  K
D  R  N  N  N  P  Y  T  G  N  K  B  R  X  K  T
```

Apple	Elm	Palm
Apricot	Eucalyptus	Peach
Ash	Evergreen	Pine
Beech	Fig	Plum
Birch	Fir	Quaking Aspen
Cherry	Hickory	Walnut
chestnut	Mahogany	Willow
Cottonwood	Maple	
Dog Wood	Oak	

Zoo

```
Y  L  X  K  S  E  K  A  N  S  T  V  M  P
G  B  L  E  M  A  C  R  E  G  I  T  M  T
A  P  A  N  D  A  H  H  G  C  Y  Z  N  J
L  L  O  D  L  I  K  O  B  N  N  A  L  H
L  H  F  L  N  L  R  F  Z  F  H  O  A  X
I  G  F  O  L  I  M  Y  J  P  X  T  I  K
G  D  R  Z  L  I  T  K  E  J  E  E  E  L
A  R  Q  L  M  W  D  L  B  E  N  F  P  J
T  A  A  K  C  O  E  A  H  E  T  F  O  V
O  P  V  R  H  J  N  C  M  J  A  A  L  K
R  O  R  N  I  Z  R  K  M  R  L  R  E  Z
C  E  C  H  M  M  D  R  E  M  A  I  T  B
F  L  H  K  P  R  K  R  N  Y  Q  G  N  H
P  D  Z  E  B  R  A  R  F  G  R  N  A  M
```

alligator	chimp	monkey
antelope	elephant	panda
armadillo	giraffe	rhino
bear	gorilla	snakes
camel	leopard	tiger
cheetah	lion	zebra

Arctic

```
F  L  N  N  F  S  H  R  B  M  T  L  L  K  W
L  R  B  L  K  C  N  N  W  X  A  H  M  J  H
X  X  O  K  S  U  M  O  K  H  T  X  B  L  I
M  F  R  O  Z  E  N  P  W  O  G  O  K  R  T
O  W  O  L  F  R  R  R  O  S  V  F  P  H  E
T  R  A  E  B  R  A  L  O  P  T  P  H  G  O
T  Q  C  N  R  N  G  D  L  P  K  O  Q  R  U
E  T  R  A  E  I  T  W  M  E  L  N  R  B  T
R  N  E  Z  I  E  C  N  A  L  A  V  A  M  N
N  I  E  S  C  H  X  M  E  L  K  G  T  M  V
F  F  D  E  A  Q  G  N  E  G  R  J  L  C  Q
X  F  N  A  L  X  I  R  K  T  P  U  M  E  R
P  U  I  L  G  M  A  P  M  M  O  O  S  E  N
L  P  E  B  R  H  W  O  L  V  E  R  I  N  E
W  M  R  E  L  A  H  W  A  G  U  L  E  B  T
```

avalance	igloo	seal
beluga whale	moose	snowstorm
eagle	musk ox	tern
ermine	narwhal	walrus
fox	orca	whiteout
frozen	polar bear	wolf
glacier	puffin	wolverine
hare	reindeer	

Yes, Chef

```
N E Q G K H R S S U R T H G M D
E E F R D P D T Q G A R N I S H
Z S X I H D I S T B K P Q M G R
I S R L K R V Y E L R A M L M Y
L A N L F N F J P A Q R M I J N
E C L R F I U C F N S B Y O N T
M I Y B R L H L N C R O D R K Y
R R F A I M A B M H K I N B E R
A F L E X L A M Z T B L G R E F
C C N L X R I C B T T P A K Z Q
M N N V B X F O H E L P A C A T
E T N E D L A Q B O E B V Y L X
Z H C E T U A S C R P T T D G C
T U B D V M C X P L H H S Z E T
E F M M A R I N A T E G M A D T
T T V H E A L T H Y L L N H B P
```

al dente	clarify	marinate
bake	deglaze	parboil
barbecue	flambe	prepare
baste	fricassee	saute
blanch	fry	season
boil	garnish	stirfry
broil	grill	truss
carmelize	healthy	
chop	julienne	

Cats

```
N  N  N  P  S  E  R  V  A  L  Q  F  N  B  D
B  A  W  P  B  L  E  O  P  A  R  D  N  K  R
Y  O  C  H  N  E  T  T  I  K  M  D  O  B  Q
T  P  B  I  J  W  X  N  N  R  H  C  B  K  X
O  K  J  C  S  Y  L  C  F  T  I  L  L  W  J
L  P  D  L  A  R  D  T  H  L  A  C  B  A  Y
E  Q  W  G  N  T  O  P  A  E  W  B  G  T  R
C  N  R  K  T  K  Q  C  T  I  E  U  B  E  L
O  A  P  U  M  A  T  C  L  V  A  T  H  Y  A
M  Y  R  C  L  K  T  D  J  R  K  T  A  C  C
N  E  J  O  K  X  C  A  U  D  N  N  T  H  A
M  L  H  U  Y  A  G  N  N  A  P  R  I  W  R
W  L  T  G  T  U  D  C  P  O  W  P  G  L  A
Y  A  V  A  A  I  G  Y  P  N  I  Y  E  P  C
R  C  N  R  F  M  M  X  N  Y  L  L  R  D  P
```

alley	jaguar	ocelot
bobcat	jaguarundi	panther
calico	kitten	puma
caracal	leopard	serval
cheetah	lion	tabby
corsican	lynx	tiger
cougar	margay	wildcat

Tea Time

```
F  K  S  O  B  I  O  O  R  G  Y  P  K
Q  A  F  W  W  H  I  T  E  E  V  E  C
J  W  H  B  B  N  P  N  X  L  B  P  H
X  A  N  C  E  M  G  L  W  I  R  P  V
Q  W  S  E  T  L  D  E  M  M  A  E  D
S  R  R  M  I  A  L  M  Y  O  S  R  A
U  G  L  S  I  I  M  O  E  M  P  M  N
C  L  H  C  A  N  M  N  R  A  B  I  D
S  W  J  H  Q  W  E  G  G  H  E  N  E
I  F  C  R  M  K  N  R  L  C  R  T  L
B  R  N  X  M  R  V  A  R  G  R  K  I
I  O  O  L  O  N  G  S  A  N  Y  R  O
H  M  M  D  R  H  F  S  E  F  M  Y  N
```

chai	green	oolong
chamomile	hibiscus	peppermint
dandelion	jasmine	raspberry
earl grey	lemongrass	rooibos
english	matcha	white

Returning

```
K  S  H  O  W  E  R  S  Y  S  C  H  B
L  V  D  D  T  Y  N  S  A  E  L  T  F
R  E  B  N  R  K  N  N  D  I  G  S  X
W  M  F  R  E  O  L  D  H  R  C  L  K
Z  N  E  T  S  I  T  P  T  O  Y  A  F
K  F  L  A  O  K  R  D  R  M  K  I  H
L  R  E  O  W  V  A  F  I  E  V  N  L
L  S  H  T  T  W  E  R  B  M  R  N  N
J  C  M  D  N  R  M  R  Q  X  L  E  M
E  F  A  S  H  I  O  N  S  H  R  R  Y
V  R  O  B  I  N  S  D  M  O  G  E  W
C  L  O  U  D  S  T  Q  M  P  K  P  P
C  S  S  E  N  D  N  I  K  E  J  F  H
```

birthday	ferry	memories
clouds	friends	perennials
dawn	hope	robins
echo	kindness	seasons
fashions	leftovers	showers

New York

```
E  P  T  J  B  R  O  N  X  N  C  F  R  Y
N  R  L  A  I  C  N  A  N  I  F  K  Y  L
W  W  T  H  M  A  N  H  A  T  T  A  N  A
O  H  W  A  S  Q  L  L  H  D  Q  P  B  T
T  Q  X  C  E  O  K  T  T  L  Y  S  R  I
D  L  V  P  N  H  H  Y  N  E  A  U  O  E
I  V  K  L  V  H  T  O  M  A  W  B  O  L
M  Q  K  M  U  R  C  E  C  S  D  W  K  T
T  V  L  D  E  W  L  J  Z  T  A  A  L  T
C  M  S  B  T  R  D  D  B  S  O  Y  Y  I
K  O  I  W  A  X  D  F  R  I  R  C  N  L
N  L  V  H  M  P  T  M  X  D  B  W  B  K
L  V  D  N  A  L  S  I  N  E  T  A  T  S
K  R  A  P  L  A  R  T  N  E  C  N  K  T
```

Broadway	Harlem	Soho
Bronx	Hudson	Staten Island
Brooklyn	Liberty	Subway
Central Park	Little Italy	Theatre
East Side	Manhattan	
Financial	Midtown	

Shiny

R C R E T T I L G W M N F
D R D V S K R O W E R I F
J L M B H D R L I G H T S
E L C L F S L T G J J T E
W D K X X N G R R J D S N
E N R N L O J E C I C U O
L H S E G W T O A L S D T
R L N Z V A W M Y E H Y S
Y D I M W L O T L M X R E
K L U Z K N I D M N M I N
J O Q M D N N S L P F A I
P G E S R A Y Q R V M F H
R G S Y C X B A U B L E R

bauble	glitter	rhinestones
candles	gold	sequins
diamonds	jewelry	silver
fairy dust	joy	snow
fireworks	lights	water

Waterfalls

```
V  L  M  D  Q  J  H  M  K  N  Q  D  K  N
R  I  K  E  N  Q  K  G  L  Y  Y  E  T  Y
R  H  C  N  O  G  C  A  M  U  P  T  Q  C
W  D  I  T  Y  H  N  M  M  Z  G  T  Z  B
L  V  E  N  O  R  S  B  M  U  X  I  I  I
I  R  T  K  E  R  I  E  L  T  N  F  G  A
E  U  I  V  N  L  I  L  S  A  K  O  U  K
V  E  M  D  L  L  F  A  R  R  G  S  A  I
L  T  E  A  N  O  B  A  R  C  O  S  Z  L
A  E  S  M  S  W  G  C  L  H  D  H  U  A
D  I  O  S  T  A  P  L  F  T  X  N  Z  K
I  A  Y  J  I  H  A  V  A  S  U  N  F  H
R  K  V  N  H  A  M  O  N  T  L  U  M  O
B  T  T  L  B  A  N  G  E  L  N  M  L  N
```

Angel	Iguazu	Vernal
Bridalveil	Kaieteur	Victoria
Dettifoss	Multnomah	Yosemite
Gullfoss	Niagara	Yumbilla
Havasu	Nohkalikai	
Horseshoe	Rhine	

Notable Women

```
C  L  P  M  B  P  S  H  E  L  L  E  Y
L  X  V  K  R  M  K  R  G  B  M  K  F
E  B  E  M  H  F  E  R  J  Y  T  C  Y
O  A  T  L  C  Z  T  I  T  M  R  R  X
P  E  H  C  A  R  T  C  R  M  N  A  C
```

```
T  A  T  H  P  R  N  E  R  X  T
R  G  R  G  I  A  H  I  K  Z  S  N
A  A  B  E  K  C  T  H  T  N  U  A
E  C  L  L  E  R  X  I  T  H  A  O
K  A  A  E  Y  C  G  L  A  G  G  J
X  S  B  T  H  A  T  C  H  E  R  I
H  L  T  R  P  Z  C  S  K  R  A  P
```

Albright	Earhart	Nighting
Austen	Friedan	Parks
Beecher	Hypatia	Sacagav
Cleopatra	Joan of Arc	Shelle
Curie	Meir	Thatch

Triangles

```
T X N M R H T O O T W A S
P I H C A L L I T R O T K
P A C E C N U D T E P E E
Z J R C J Q R F A N G D C
C M A X H A X F D K Y I I
M O V R E M J F A I K M L
O V N T K K R T E K T A S
U M A E O O N L H Y K R A
N C M K H A D W W D V Y Z
T Z V Y N S S T O Z L P Z
A M H N I M T T R L Q R I
I R E G Y K C A R L O O P
N P N Q T R G M A M M L B
```

arrowhead	okra	tepee
cat ear	pennant	toast
cone	pizza slice	tortilla chip
dunce cap	pool rack	yield sign
fang	pyramid	
mountain	sawtooth	

State Nicknames

```
C  O  N  S  T  I  T  U  T  I  O  N  A
N  E  V  T  R  E  A  S  U  R  E  L  I
E  V  D  P  E  A  C  H  L  R  A  S  L
Q  I  C  Z  R  D  P  O  Z  I  Z  H  O
U  H  R  O  N  Q  T  R  N  Z  W  O  N
A  E  E  K  R  T  Y  N  A  G  J  W  G
L  E  B  Y  E  N  E  B  A  I  X  M  A
I  B  Z  M  E  T  H  R  Y  G  R  E  M
T  G  L  T  N  K  D  U  D  G  H  I  C
Y  A  X  E  F  E  W  K  S  C  D  K  E
P  M  C  H  N  T  L  A  H  K  N  R  Y
X  L  S  O  O  N  E  R  H  Q  E  K  F
M  V  Y  N  E  D  L  O  G  C  G  R  X
```

Beehive	Garden	Peach
Centennial	Golden	Prairie
Constitution	Hawkeye	Show Me
Cornhusker	Magnolia	Sooner
Equality	Palmetto	Treasure

FIND TWO IDENTICAL PICTURES

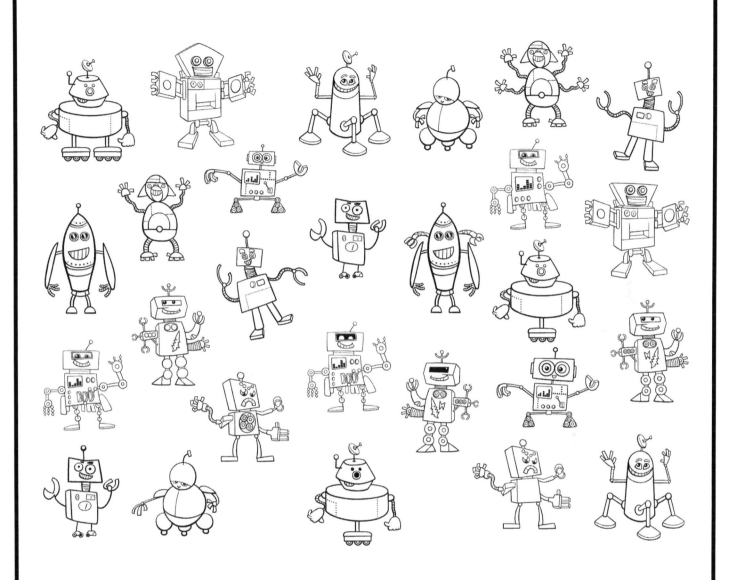

FIND TWO
IDENTICAL
PICTURES

FIND TWO IDENTICAL PICTURES

FIND TWO
IDENTICAL
PICTURES

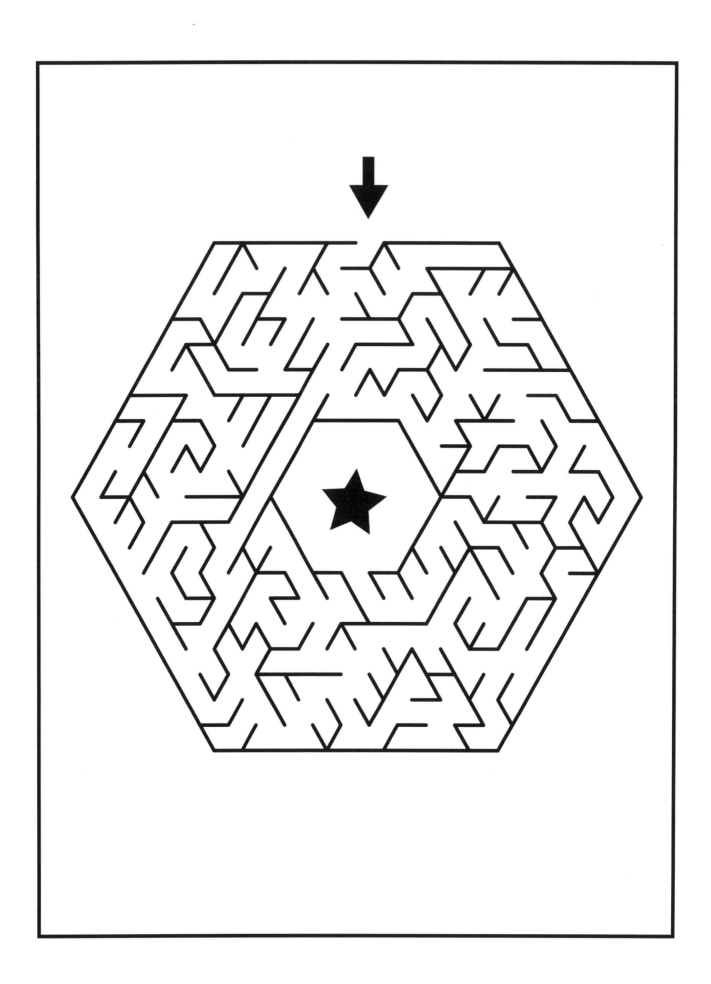

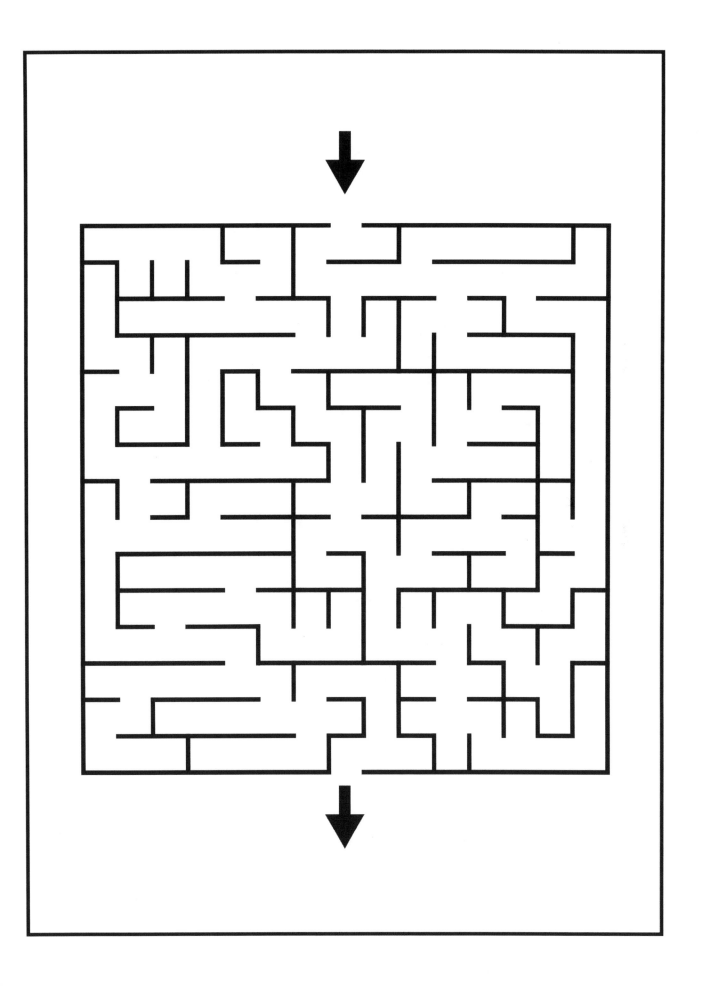

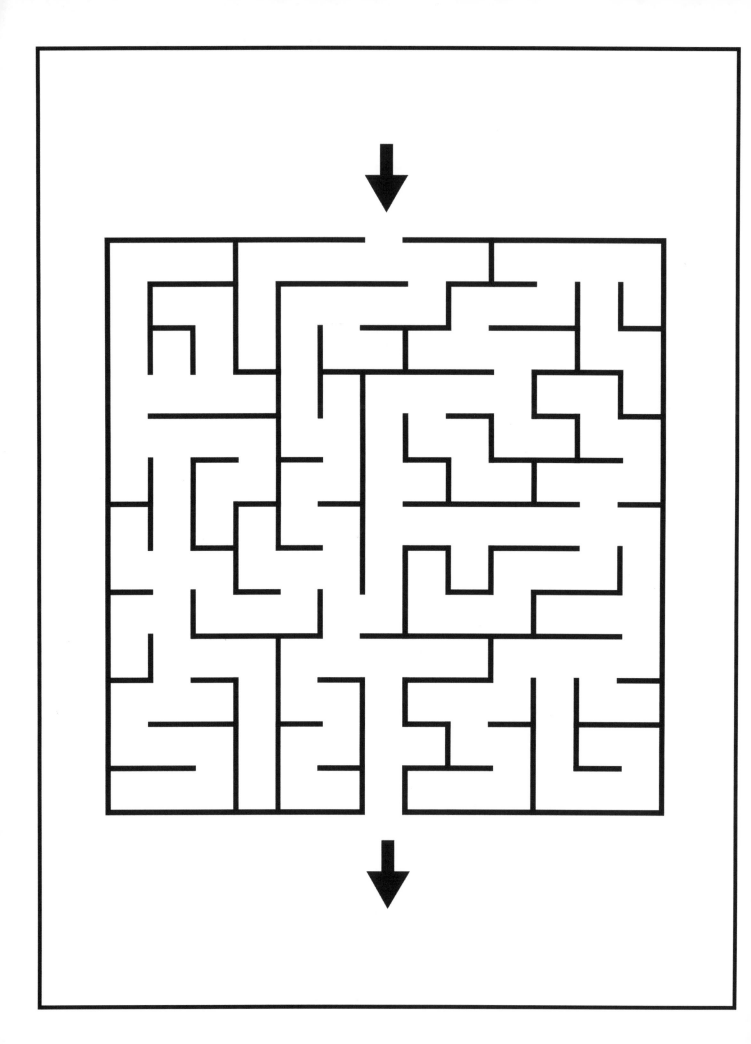

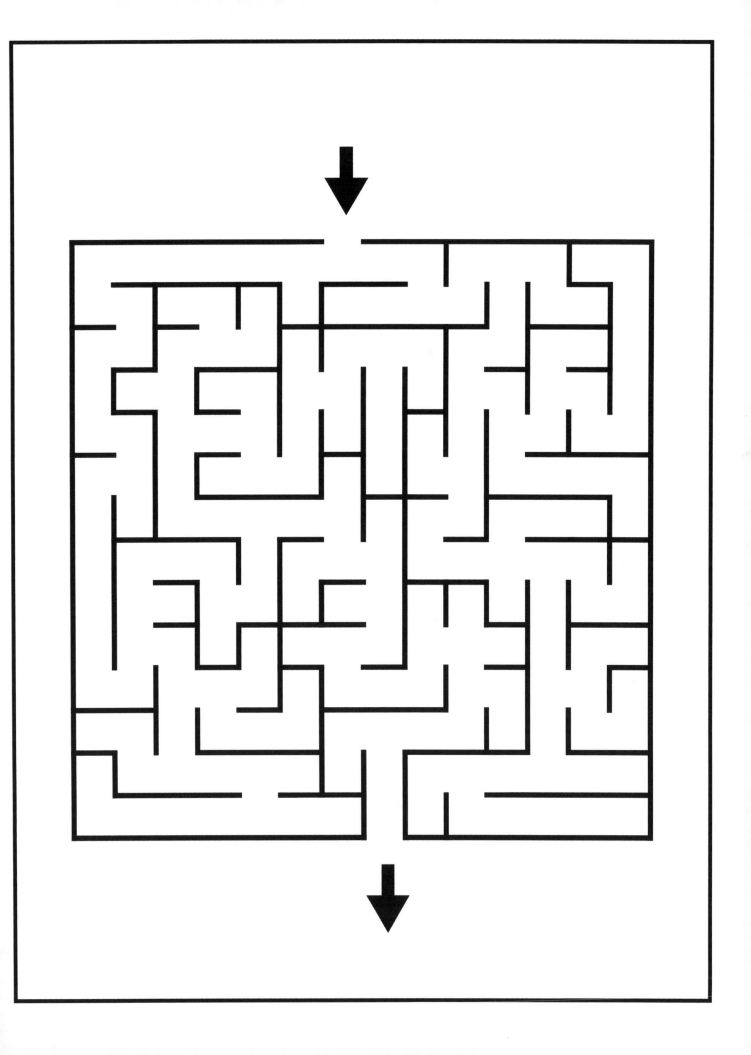

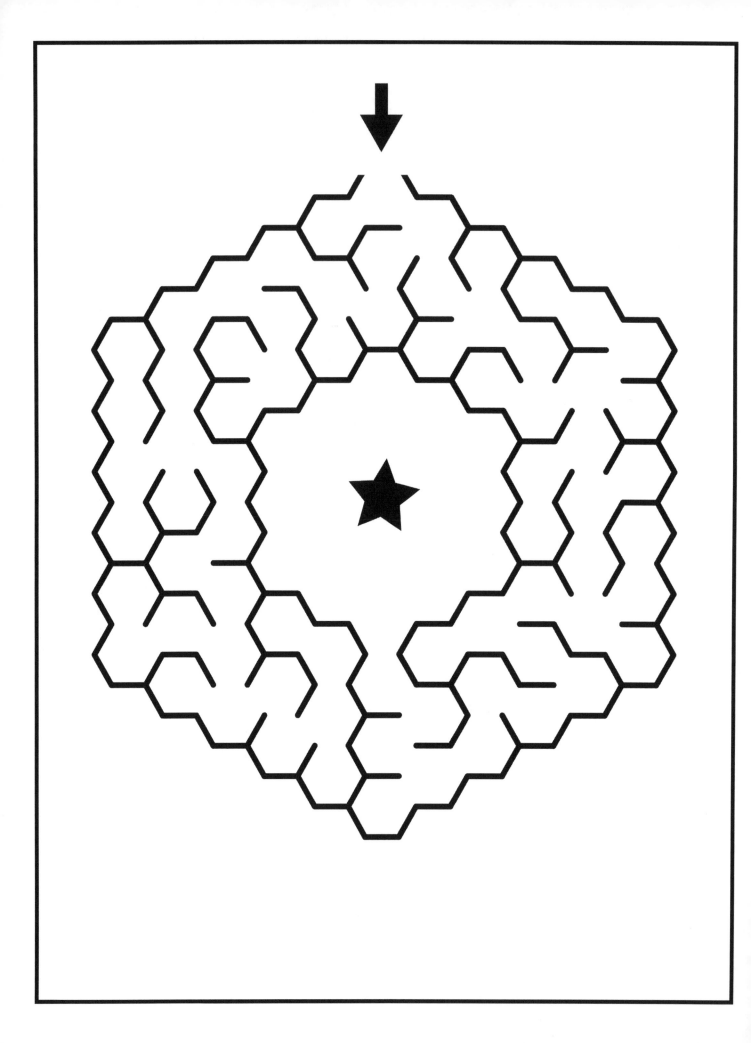

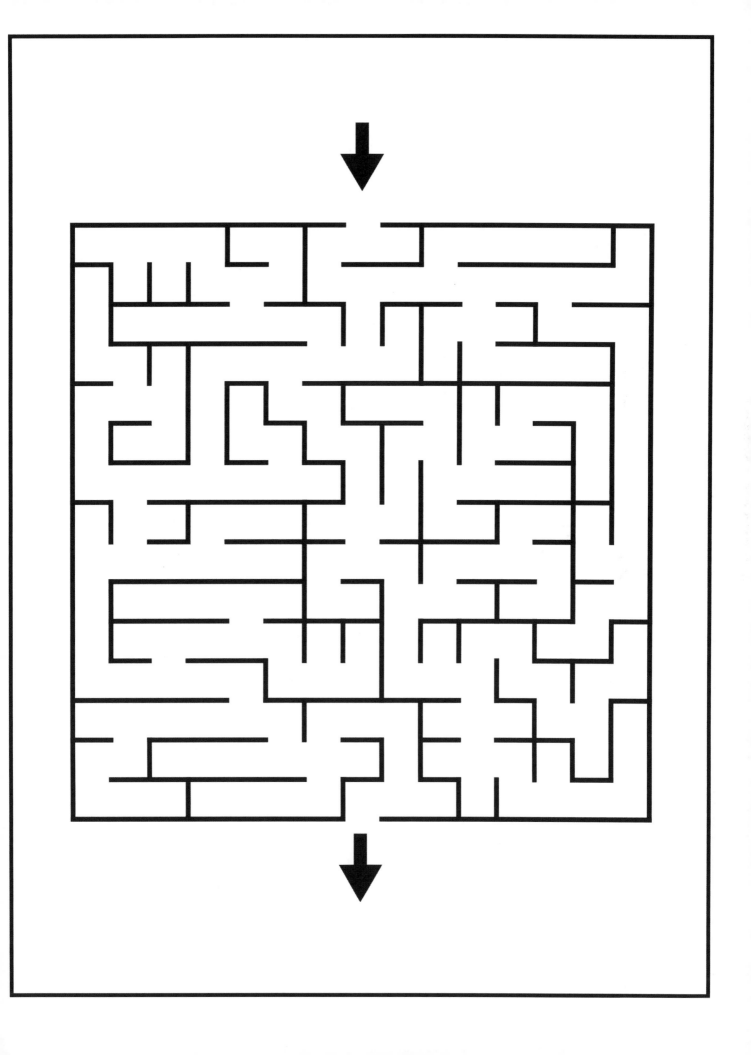

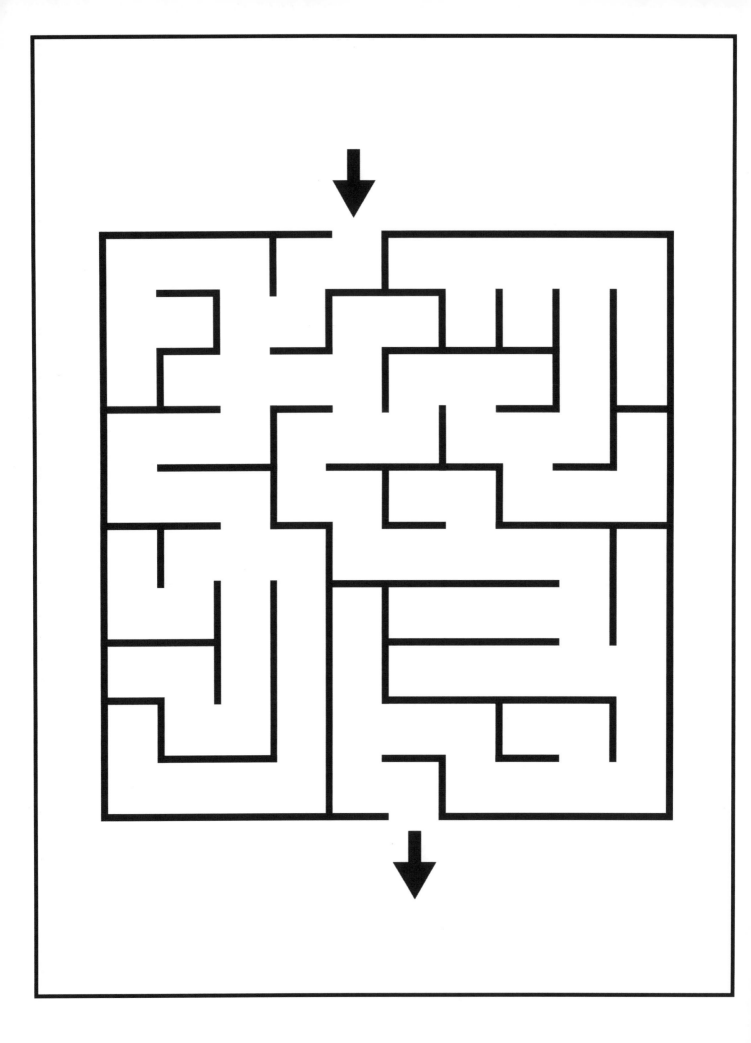

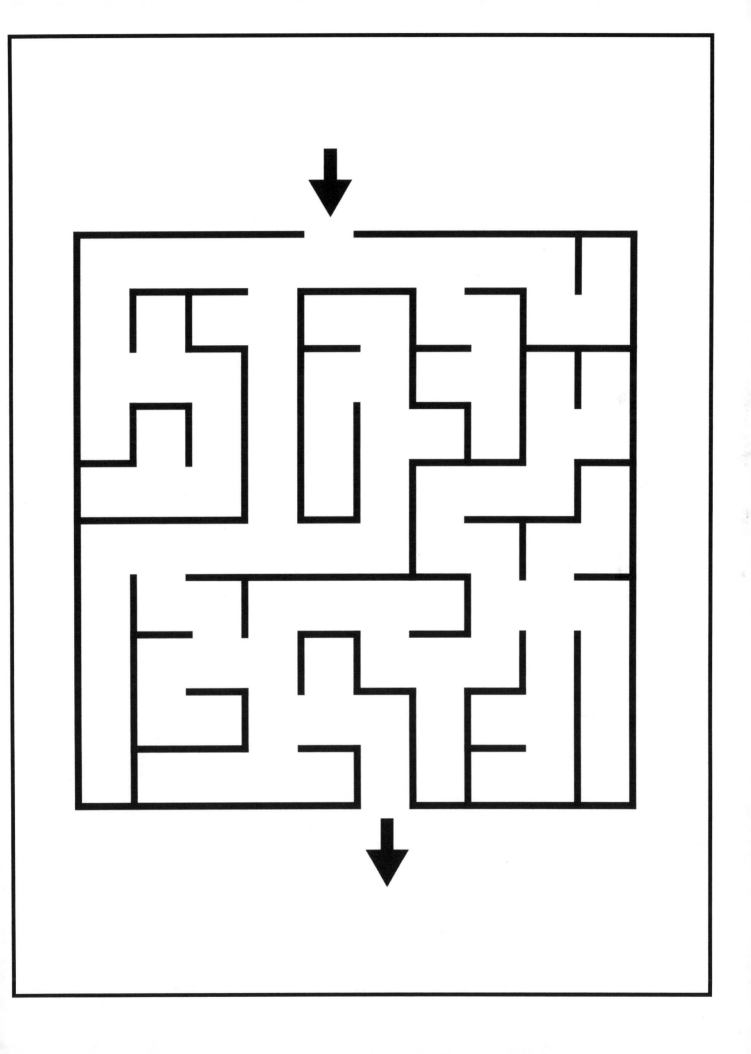

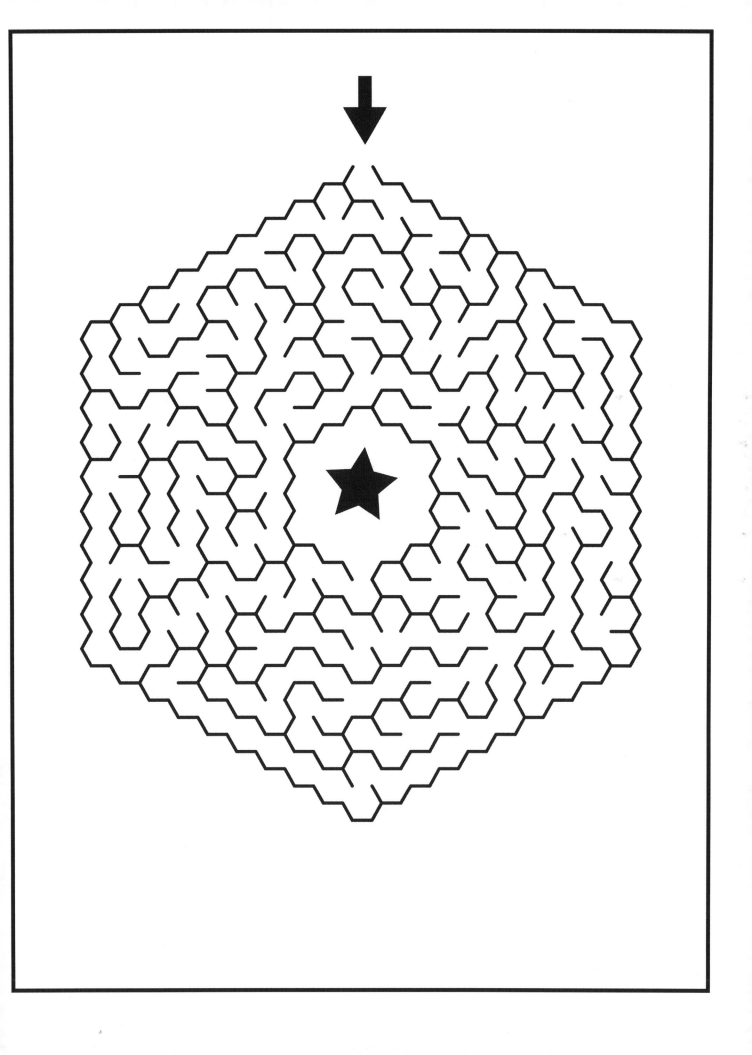

Puzzle #1

Puzzle #2

	5				2			6
6		7		5			2	9
2	1	8	6	4				
	7				4			5
	6		1		5	9		8
	9			3	7	4		
1				7				
	2	6		9				
	3	9				2	5	

Puzzle #3

	2	8					3	
3		9			2		7	5
5	1		4					
	6					5	8	
		1		8	4			
8				6	9	2		4
7	9	3						8
			7					6
	5	6	8			7	9	

Puzzle #4

8	1	3	4	7		9		
5			9		3	4		1
4					1	7	3	
		2			8			
	5		6			8		
9	6		5				4	3
2		9			5	3		6
	8							
	3		7			1	2	

Puzzle #5

		6	2				5	
		4	3			6	9	
3			9					8
			4		1	8		
			7	6	2		3	
	2	9					1	
		2		4				7
1			8	3	5	9		
	9					3	6	

Puzzle #6

		7			4	9		1
1				9	2			
				6			4	
9	6		1	7	8			
2		8		4		6		3
				3			8	
4				1			2	
5			6			8	9	4
6	3					5		

Puzzle #7

4	8		1		2	9	3	
				4		6		2
				3	8			4
8	3		7	9				1
9	2							7
6	7			5	1			
		7		2	5			
1	4			3			8	9

Puzzle #8

Puzzle #9

1		7				8	4	5
		5	3			7		
		4		1	5	3		2
		6			3			
		8		9	7	5		
		3	2		4			
8								4
	5		9	7	6		8	
3				8		1		

Puzzle #10

Puzzle #11

		7		8			5	
	9				6		3	8
					9	1	2	4
	3	5						2
	8	9	6	5		4		3
7	1		8			6		
			2				4	
		6			7	2		9
		1		4		3		

Puzzle #12

			2	4		8	6	
4		7		3	1			
					8		7	1
	6			7		9	2	
5		4	9	1				
3	9				5		4	
	6			5	9			
			4			7		
	4					5	8	6

Puzzle #13

Puzzle #14

Puzzle #15

	3	6	5		1			7
2			3					5
5		8	2	4	6	1	9	
	9				4	3	5	
						6		
		7	8		9			1
3				7			1	
		1	4	5	2	7		
	6				3			2

Puzzle #16

Puzzle #17

	3			6	2			
		1	9				6	3
		9	4		1	2		8
7	1	3						6
2			4	7	5	8		
		8			9		2	7
						1		
1	6	5		2				4
				8		7		

Puzzle #18

Puzzle #19

3		8		4		7		
	6			1	5			
				6		1	3	2
	2							4
7		6			4	3		9
			8	9		2		
9				8			7	3
4		1		7				6
	7				9			1

Puzzle #20

							3	9
	8						5	
		3	9	8		4		6
8	9		1		3			5
2	4		6					
	3	5	4		7		6	
				6		9	5	
6				1	4	2	8	
3	2	8		7				

Birds

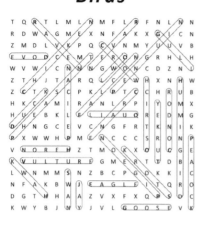

Trees

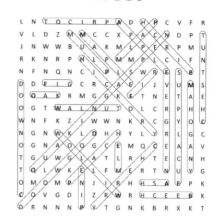

Zoo

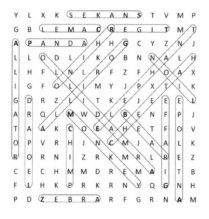

Arctic

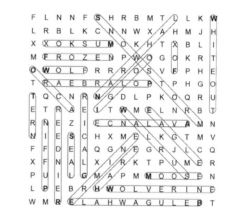

Yes, Chef

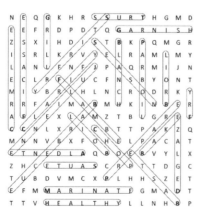

Cats

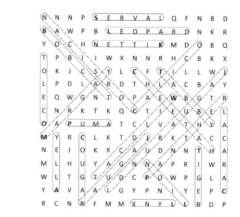

Tea Time

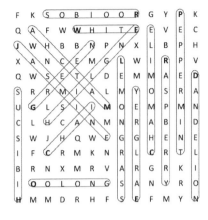

Returning

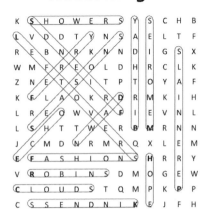

New York

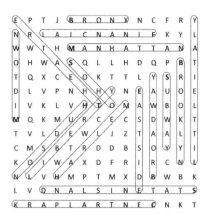

Shiny

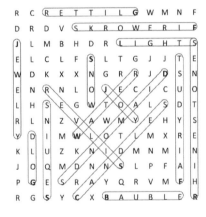

Games

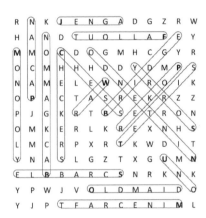

Waterfalls

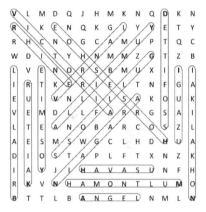

Notable Women

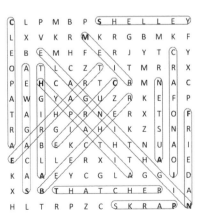

Triangles

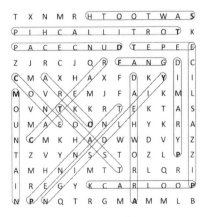

State Nicknames

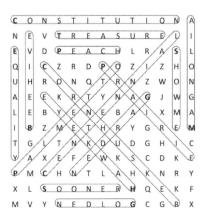

FIND
ONE
OF A KIND

FIND
ONE
OF A KIND

FIND
ONE
OF A KIND

FIND
ONE
OF A KIND

FIND TWO
IDENTICAL
PICTURES

FIND TWO
IDENTICAL
PICTURES

FIND TWO
IDENTICAL
PICTURES

FIND TWO
IDENTICAL
PICTURES

Puzzle # 1

7	6	4	3	1	2	8	5	9
9	5	2	7	6	8	3	1	4
1	3	8	9	4	5	7	6	2
4	7	1	5	3	9	6	2	8
8	2	6	4	7	1	5	9	3
5	9	3	2	8	6	4	7	1
3	1	5	8	2	7	9	4	6
2	4	7	6	9	3	1	8	5
6	8	9	1	5	4	2	3	7

Puzzle # 2

9	5	3	7	1	2	8	4	6
6	4	7	3	5	8	1	2	9
2	1	8	6	4	9	5	3	7
8	7	2	9	6	4	3	1	5
3	6	4	1	2	5	9	7	8
5	9	1	8	3	7	4	6	2
1	8	5	2	7	3	6	9	4
4	2	6	5	9	1	7	8	3
7	3	9	4	8	6	2	5	1

Puzzle # 3

6	2	8	9	5	7	3	4	1
3	4	9	6	1	2	8	7	5
5	1	7	4	3	8	6	2	9
9	6	4	2	7	1	5	8	3
2	3	1	5	8	4	9	6	7
8	7	5	3	6	9	2	1	4
7	9	3	1	2	6	4	5	8
4	8	2	7	9	5	1	3	6
1	5	6	8	4	3	7	9	2

Puzzle # 4

8	1	3	4	7	2	9	6	5
5	2	7	9	6	3	4	8	1
4	9	6	8	5	1	7	3	2
1	7	2	3	4	8	6	5	9
3	5	4	6	2	9	8	1	7
9	6	8	5	1	7	2	4	3
2	4	9	1	8	5	3	7	6
7	8	1	2	3	6	5	9	4
6	3	5	7	9	4	1	2	8

Puzzle # 5

9	8	6	1	2	4	7	5	3
2	7	4	3	5	8	6	9	1
3	1	5	9	7	6	2	4	8
6	5	3	4	9	1	8	7	2
8	4	1	7	6	2	5	3	9
7	2	9	5	8	3	4	1	6
5	3	2	6	4	9	1	8	7
1	6	7	8	3	5	9	2	4
4	9	8	2	1	7	3	6	5

Puzzle # 6

8	2	7	3	5	4	9	6	1
1	4	6	8	9	2	7	3	5
3	9	5	7	6	1	2	4	8
9	6	3	1	7	8	4	5	2
2	1	8	9	4	5	6	7	3
7	5	4	2	3	6	1	8	9
4	8	9	5	1	7	3	2	6
5	7	1	6	2	3	8	9	4
6	3	2	4	8	9	5	1	7

Puzzle # 7

4	8	6	1	7	2	9	3	5
7	5	3	9	4	8	6	1	2
2	1	9	5	6	3	8	7	4
8	3	5	7	9	4	2	6	1
9	2	1	3	8	6	4	5	7
6	7	4	2	5	1	3	9	8
3	9	7	8	2	5	1	4	6
5	6	8	4	1	9	7	2	3
1	4	2	6	3	7	5	8	9

Puzzle # 8

2	3	9	6	7	1	8	4	5
5	8	7	9	4	2	1	6	3
6	1	4	8	3	5	7	9	2
1	5	8	2	9	6	3	7	4
3	4	6	7	5	8	2	1	9
9	7	2	4	1	3	5	8	6
7	6	5	3	8	9	4	2	1
8	2	3	1	6	4	9	5	7
4	9	1	5	2	7	6	3	8

Puzzle # 9

1	3	7	6	2	9	8	4	5
6	2	5	3	4	8	7	1	9
9	8	4	7	1	5	3	6	2
7	9	6	8	5	3	4	2	1
2	4	8	1	9	7	5	3	6
5	1	3	2	6	4	9	7	8
8	7	2	5	3	1	6	9	4
4	5	1	9	7	6	2	8	3
3	6	9	4	8	2	1	5	7

Puzzle # 10

5	2	7	3	9	4	6	8	1
1	3	8	2	5	6	4	7	9
4	6	9	1	8	7	5	2	3
9	8	1	7	2	5	3	4	6
3	4	2	6	1	9	7	5	8
7	5	6	8	4	3	1	9	2
6	1	4	9	7	8	2	3	5
2	9	5	4	3	1	8	6	7
8	7	3	5	6	2	9	1	4

Puzzle # 11

1	4	7	3	8	2	9	5	6
5	9	2	4	1	6	7	3	8
3	6	8	5	7	9	1	2	4
6	3	5	7	9	4	8	1	2
2	8	9	6	5	1	4	7	3
7	1	4	8	2	3	6	9	5
9	7	3	2	6	8	5	4	1
4	5	6	1	3	7	2	8	9
8	2	1	9	4	5	3	6	7

Puzzle # 12

9	5	1	2	4	7	8	6	3
4	8	7	6	3	1	2	5	9
6	2	3	5	9	8	4	7	1
8	1	6	3	7	4	9	2	5
5	7	4	9	1	2	6	3	8
3	9	2	8	6	5	1	4	7
2	6	8	7	5	9	3	1	4
1	3	5	4	8	6	7	9	2
7	4	9	1	2	3	5	8	6

Puzzle # 13

1	8	5	7	3	9	6	4	2
4	2	6	8	5	1	3	9	7
9	7	3	2	4	6	5	8	1
5	9	4	1	6	7	8	2	3
2	6	7	3	8	4	1	5	9
3	1	8	9	2	5	4	7	6
8	5	2	6	7	3	9	1	4
6	4	9	5	1	2	7	3	8
7	3	1	4	9	8	2	6	5

Puzzle # 14

3	8	4	1	6	7	5	2	9
1	9	7	3	5	2	6	4	8
2	6	5	8	4	9	3	7	1
4	1	8	9	2	6	7	3	5
7	2	9	5	8	3	4	1	6
5	3	6	4	7	1	9	8	2
9	4	2	6	3	8	1	5	7
6	7	3	2	1	5	8	9	4
8	5	1	7	9	4	2	6	3

Puzzle # 15

4	3	6	5	9	1	8	2	7
2	1	9	3	8	7	4	6	5
5	7	8	2	4	6	1	9	3
1	9	2	7	6	4	3	5	8
8	4	3	1	2	5	6	7	9
6	5	7	8	3	9	2	4	1
3	2	5	6	7	8	9	1	4
9	8	1	4	5	2	7	3	6
7	6	4	9	1	3	5	8	2

Puzzle # 16

6	9	4	2	3	1	5	7	8
8	1	3	5	6	7	2	9	4
2	5	7	8	9	4	1	3	6
3	6	1	4	5	2	7	8	9
4	7	2	1	8	9	6	5	3
5	8	9	3	7	6	4	2	1
9	2	8	6	4	5	3	1	7
1	3	6	7	2	8	9	4	5
7	4	5	9	1	3	8	6	2

Puzzle # 17

5	3	4	8	6	2	1	7	9
8	2	1	9	7	5	4	6	3
6	7	9	4	3	1	2	5	8
7	1	3	2	5	8	9	4	6
2	9	6	3	4	7	5	8	1
4	5	8	6	1	9	3	2	7
3	8	7	5	9	4	6	1	2
1	6	5	7	2	3	8	9	4
9	4	2	1	8	6	7	3	5

Puzzle # 18

5	6	3	2	7	1	4	8	9
7	4	9	5	8	3	2	6	1
1	8	2	6	9	4	5	7	3
8	7	1	3	6	5	9	4	2
2	9	6	1	4	7	8	3	5
4	3	5	8	2	9	6	1	7
6	1	4	7	5	2	3	9	8
3	2	8	9	1	6	7	5	4
9	5	7	4	3	8	1	2	6

Puzzle # 19

3	1	8	9	4	2	7	6	5
2	6	7	3	1	5	9	4	8
5	4	9	7	6	8	1	3	2
8	9	2	5	3	7	6	1	4
7	5	6	1	2	4	3	8	9
1	3	4	8	9	6	2	5	7
9	2	5	6	8	1	4	7	3
4	8	1	2	7	3	5	9	6
6	7	3	4	5	9	8	2	1

Puzzle # 20

5	6	2	7	4	1	3	9	8
9	8	4	2	3	6	5	7	1
7	1	3	9	8	5	4	2	6
8	9	6	1	2	3	7	4	5
2	4	7	6	5	8	1	3	9
1	3	5	4	9	7	8	6	2
4	7	1	8	6	2	9	5	3
6	5	9	3	1	4	2	8	7
3	2	8	5	7	9	6	1	4

Made in the USA
Middletown, DE
13 July 2023

35023335R00060